Analyse der Arbeiterbildung im Markus Evangelium

Die Lehre von der Arbeit in der Bibel, Volume 23

Biblische Predigten

Published by Seminit Publications, 2024.

While every precaution has been taken in the preparation of this book, the publisher assumes no responsibility for errors or omissions, or for damages resulting from the use of the information contained herein.

ANALYSE DER ARBEITERBILDUNG IM MARKUS EVANGELIUM

First edition. April 24, 2024.

ISBN: 979-8224139644

Written by Biblische Predigten.

Inhaltsverzeichnis

Dedication

<u>Markus 8:5</u> *Und er fragte sie: Wie viele Brote habt ihr? Und sie sagten: Sieben. Und er befahl dem Volk, sich auf die Erde zu setzen. Und er nahm die sieben Brote, dankte und brach sie und gab sie seinen Jüngern, damit sie sie vor sich hinlegten; und sie legten sie vor das Volk. Und sie hatten auch ein paar kleine Fische; und als er gesegnet hatte, befahl er ihnen, auch diese vor sie hinzustellen. Und sie aßen und wurden satt; und sie hoben sieben Körbe auf von dem, was übrig blieb. Und die, die gegessen hatten, waren bei viertausend; und er ließ sie von sich.*

Christus ist der große Meister in der Kunst der Vermehrung. Egal, mit wie wenig Vorräten wir beginnen, wir müssen ihm nur alles geben, und er wird es über unsere größten Erwartungen hinaus vermehren, und es wird mehr übrig bleiben als vor Beginn des Festes. Bringt eure kleinen Talente, bringt das bisschen Gnade, das ihr habt, zu Christus, denn er kann euren Vorrat so vermehren, dass es euch nie an etwas fehlen wird, sondern dass ihr umso mehr Überfluss haben werdet, je größer die Nachfrage nach diesem Vorrat ist. Wenn diese viertausend Menschen nicht auf wunderbare Weise von Christus gespeist worden wären, wären die sieben Brote und die wenigen kleinen Fische so geblieben, wie sie waren; aber jetzt, wo die viertausend Menschen gespeist werden müssen, werden die Brote und die Fische von Christus auf ganz außergewöhnliche Weise vermehrt, so dass am Ende viel mehr Vorräte vorhanden sind, als sie am Anfang hatten. Erwarte, Geliebte, dass du durch deine Verluste bereichert wirst, dass du an dem wächst, was dich zu erdrücken scheint, und dass du durch das, was dich zu vernichten droht, größer wirst. Gib dich nur in die Hände Christi, und er wird dich gut gebrauchen und dich besser zurücklassen, als du warst, bevor er dich als Mittel zur Hilfe und zum Segen für andere einsetzte.

— Charles Spurgeon

Einführung in Mark

Im Markusevangelium geht es wie in den anderen Evangelien um das Wirken von Jesus. Sein Werk besteht darin, zu lehren, zu heilen, Zeichen der Macht Gottes zu zeigen und vor allem zu sterben und zum Wohle der Menschheit wieder aufzuerstehen. Das Werk Christi ist absolut einzigartig. Es ist jedoch auch ein ständiger Teil des Werks aller Gläubigen, das darin besteht, mit Gott zusammenzuarbeiten, um die Welt so wiederherzustellen, wie er sie von Anfang an vorgesehen hat. Unser Werk ist nicht das Werk Christi, unser Werk hat dasselbe Ziel wie das Seine. Deshalb geht es im Markusevangelium nicht *um* unsere Arbeit, sondern es gibt unserer Arbeit *das Wesentliche* und *definiert* das Endziel unserer Arbeit.

Wenn wir Markus studieren, entdecken wir Gottes Ruf zur Arbeit im Dienste seines Reiches. Wir erkennen den Rhythmus von Arbeit, Ruhe und Anbetung, den Gott sich für unser Leben wünscht. Wir sehen die Chancen und Gefahren, die damit verbunden sind, den Lebensunterhalt zu verdienen, Reichtum anzuhäufen, eine gute Position zu erlangen, Steuern zu zahlen und in einer Gesellschaft zu arbeiten, die nicht unbedingt auf Gottes Ziele ausgerichtet ist. Wir begegnen Fischern, Arbeitern, Müttern und Vätern (Elternschaft ist eine Art von Arbeit!), Steuereintreibern, Menschen mit Behinderungen, die sich auf ihre Arbeit auswirken, Führungspersönlichkeiten, Bauern, Anwälten, Priestern, Bauarbeitern, Philanthropen (hauptsächlich Frauen), einem sehr reichen Mann, Kaufleuten, Bankiers, Soldaten und Statthaltern. Wir erkennen die gleiche verwirrende Vielfalt an Persönlichkeiten, die wir heute im Leben und bei der Arbeit vorfinden. Wir sehen die Menschen nicht als isolierte Individuen, sondern als Mitglieder von

Familien, Gemeinschaften und Nationen. Arbeit und Arbeiter sind im Markusevangelium allgegenwärtig.

Markus ist das kürzeste Evangelium. Es enthält weniger Material über die Lehren von Jesus als Matthäus und Lukas. Daher muss unsere Aufgabe darin bestehen, den Details in diesem Buch große Aufmerksamkeit zu schenken, um zu sehen, wie sein Evangelium auf die Arbeit außerhalb der Kirche anwendbar ist. Die wichtigsten arbeitsbezogenen Passagen im Markus-Evangelium lassen sich in drei Kategorien einteilen: (1) Berichte über die Berufung, in denen Jesus seine Jünger zur Arbeit für das Reich Gottes aufruft, (2) die Sabbat-Kontroversen über den Zyklus von Arbeit und Ruhe und (3) die wirtschaftlichen Fragen im Zusammenhang mit Reichtum und dessen Anhäufung sowie der Zahlung von Steuern. Wir werden die Berichte über die Berufung im Abschnitt "Das Reich Gottes und die Nachfolge", die Sabbatkontroversen im Abschnitt "Rhythmus von Arbeit, Ruhe und Gottesdienst" und die Episoden, die sich mit Steuern und Reichtum befassen, im Abschnitt "Wirtschaftliche Fragen" behandeln. In jeder dieser Kategorien geht es Markus in erster Linie darum, wie die Nachfolger Jesu auf einer tiefen Ebene verändert werden sollen.

Wie die anderen Evangelien ist auch Markus in einen Kontext wirtschaftlicher Turbulenzen eingebettet. Zur Zeit der Römer befand sich Galiläa im sozialen Umbruch, und immer mehr Land ging in den Besitz einiger weniger Wohlhabender - in der Regel Ausländer - über, und es fand ein allgemeiner Übergang von der kleinbäuerlichen zur großbäuerlichen Landwirtschaft statt. Diejenigen, die früher Pächter oder sogar Gutsbesitzer gewesen waren, waren gezwungen, tagelang zu arbeiten, oft weil sie ihren Besitz durch die Pfändung von Darlehen, die sie aufgenommen hatten, um die römischen Steuern zu bezahlen, verloren hatten. In einem solchen Kontext ist es nicht verwunderlich, dass wirtschaftliche und steuerliche Themen in der Erzählung des Markus und in der Lehre Jesu auftauchen. Darüber hinaus ermöglicht uns die Anerkennung dieses sozialen Kontextes, Hintergrundthemen zu erkennen, die wir sonst vielleicht übersehen hätten.

Das Reich Gottes und die Nachfolge (Markus 1-4; 6; 8)

Der Beginn des Evangeliums (Markus 1,1-13)

Die Berichte über die Predigt des Johannes, die Taufe und die Versuchung Jesu sagen nichts direkt über die Arbeit aus. Da sie jedoch den erzählerischen Einstieg in das Evangelium bilden, liefern sie den grundlegenden thematischen Kontext für alles, was folgt, und können nicht ignoriert werden, wenn wir zu den Abschnitten kommen, die am offensichtlichsten für unsere Interessen gelten. Interessant ist, dass der Titel von Markus (**Mk 1,1**) das Buch als den "*Anfang* des Evangeliums von Jesus Christus" bezeichnet. Aus erzählerischer Sicht ist der Hinweis auf den Anfang auffällig, da das Evangelium kein Ende zu haben scheint. Die ältesten Handschriften weisen darauf hin, dass das Evangelium in **Markus 16,8** abrupt endet: "Und sie gingen hinaus und flohen von der Gruft, denn große Furcht und Zittern hatte sie ergriffen; und sie sagten niemandem etwas, weil sie sich fürchteten". Der Text endet so abrupt, dass die Schreiber das Material, das jetzt in **Markus 16,9-20 zu** finden ist und das sich aus Passagen zusammensetzt, die an anderer Stelle im Neuen Testament zu finden sind, hinzugefügt haben. Vielleicht wollte Markus aber auch, dass sein Evangelium kein Ende hat. Es ist nur der "Anfang des Evangeliums von Jesus Christus", und wir, die wir es lesen, sind Teil des fortlaufenden Evangeliums. Wenn das so ist, dann ist unser Leben eine direkte Fortsetzung der Ereignisse bei Markus, und unsere Erwartung, konkrete Anwendungen für unsere Arbeit zu finden, ist gut begründet.

Wir werden noch genauer sehen, dass Markus die Nachfolger Jesu immer als Anfänger darstellt, die noch weit von der Vollkommenheit entfernt sind. Das gilt sogar für die zwölf Apostel. Mehr als jedes andere Evangelium stellt Markus die Apostel als uneinsichtige und unwissende Menschen dar, die Jesus wiederholt im Stich lassen. Dies ist in der Tat eine Ermutigung für viele Christen, die versuchen, Christus in seinem Werk nachzufolgen, aber das Gefühl haben, dass sie in diesem Werk unzulänglich sind. Markus ermahnt sie, mutig zu sein, denn darin sind wir wie die Apostel selbst!

Johannes der Täufer (**Markus 1,2-11**) wird als der Bote aus **Maleachi 3,1** und **Jesaja 40,3** vorgestellt. Er kündigt das Kommen "des Herrn" an. Zusammen mit der Bezeichnung Jesu als "Jesus Christus, Sohn Gottes" (**Mk 1,1**) macht diese Sprache dem Leser deutlich, dass das zentrale Thema des Markus "das Reich Gottes" ist, auch wenn er bis **Mk 1,15** wartet, um diesen Ausdruck zu verwenden und ihn mit dem Evangelium ("die gute Nachricht") zu verbinden. "Das Reich Gottes" ist bei Markus kein geographischer Begriff. Es ist die Herrschaft des Herrn, der sich Einzelne und Völker durch das verwandelnde Wirken des Geistes unterwerfen. Dieses Wirken wird durch die kurze Beschreibung der Taufe und der Versuchung Jesu durch Markus hervorgehoben (**Mk 1,9-13**), die durch ihre Kürze die Herabkunft des Geistes auf Jesus und seine Rolle bei der Führung Jesu in die Versuchung durch Satan (und wahrscheinlich auch durch diese hindurch) betont.

Dieser Abschnitt umfasst zwei gegensätzliche, aber beliebte Konzepte über das Reich Gottes. Auf der einen Seite gibt es die Vorstellung, dass das Reich Gottes noch nicht existiert und auch nicht existieren wird, bis Christus wiederkommt, um die Erde persönlich zu regieren. Nach dieser Auffassung ist der Arbeitsplatz, wie der Rest der Welt, Feindesland. Die Aufgabe des Christen besteht darin, im Feindesland lange genug zu überleben, um zu evangelisieren und das nötige Geld zu verdienen, um seine persönlichen Bedürfnisse zu befriedigen und der Kirche Geld zu geben. Die andere ist die Vorstellung, dass das Reich Gottes ein geistlicher Innenbereich ist, der nichts mit der Welt um ihn herum zu tun hat. Nach dieser Auffassung geht das, was der Christ bei der Arbeit oder irgendwo anders als in der Kirche und beim persönlichen Gebet tut, Gott überhaupt nichts an.

Im Gegensatz zu diesen beiden Vorstellungen macht Markus deutlich, dass das Kommen Jesu das Reich Gottes als gegenwärtige Realität auf der Erde einleitet. Jesus sagt ausdrücklich: "Die Zeit ist erfüllt, und das Reich Gottes ist nahe herbeigekommen; tut Buße und glaubt an das Evangelium" (**Mk 1,15**). Das Reich Gottes ist natürlich noch nicht vollständig verwirklicht, denn es herrscht noch nicht auf der Erde und wird es auch nicht vor der Wiederkunft Christi. Aber es ist jetzt da und es ist real.

Deshalb hat die Unterwerfung unter Gottes Herrschaft und die Verkündigung seines Reiches reale Konsequenzen in der Welt um uns herum. Es kann zu sozialem Misskredit, Konflikten und natürlich zu Leid führen. **Markus 1,14 hebt** wie **Matthäus 4,12** die Gefangenschaft des Johannes hervor und verbindet sie mit dem Beginn der Verkündigung Jesu, dass "das Reich Gottes nahe ist" (**Markus 1,15**). Das Reich Gottes richtet sich also gegen die Mächte dieser Welt, und als Leser wird uns deutlich vor Augen geführt, dass die Verkündigung des Evangeliums und die Ehrung Gottes nicht unbedingt zum Erfolg in diesem Leben führen werden. Aber gleichzeitig sind die Christen durch die Kraft des Geistes dazu berufen, Gott zum Wohl der Menschen um uns herum zu dienen, wie die Heilungen, die Jesus vollbringt, zeigen (**Mk 1,23-34, 40-45**).

Die große Bedeutung des Kommens des Heiligen Geistes in die Welt wird später im Evangelium durch die Beelzebub-Kontroverse deutlich gemacht (**Markus 3,20-30**). Dies ist ein schwieriger Abschnitt, und wir müssen sehr vorsichtig sein, wie wir ihn angehen, aber er ist sehr wichtig für die Theologie des Reiches Gottes, die unsere Theologie der Arbeit untermauert. Die Logik des Abschnitts scheint zu sein, dass Jesus durch die Austreibung der Dämonen die Welt von Satan befreit, der als starker Mann beschrieben wird, der nun gebunden ist. Wie ihr Herr sollen die Christen die Kraft des Geistes nutzen, um die Welt zu verändern, nicht um ihr zu entkommen oder sich ihr anzupassen.

Die Berufung der ersten Jünger (Markus 1:16-20)

D ieser Abschnitt ist mit Vorsicht zu behandeln: Die Jünger sind zwar Vorbilder für das christliche Leben, aber sie nehmen auch eine einzigartige Stellung in der Heilsgeschichte ein. Ihre Berufung zu einer besonderen Art des Dienstes und ihr Verzicht auf ihre derzeitige Beschäftigung legen kein universelles Muster für das christliche Leben und die christliche Berufung fest. Viele, ja die meisten derjenigen, die Jesus nachfolgen, geben ihre Arbeit nicht auf, um dies zu tun. Die Art und Weise, wie die Anforderungen des Reiches Gottes die allgemeinen Grundsätze der Gesellschaft übersteigen und außer Kraft setzen, kann jedoch auf unsere Arbeit angewandt werden und sie bereichern (siehe **Überblick über die Berufung**).

Der erste Satz in **Markus 1,16** stellt Jesus als einen Wanderer dar ("als er ging"), der diese Fischer auffordert, ihm auf seiner Reise zu folgen. Dies ist mehr als nur eine Aufforderung, die Gehälter und die Stabilität zu verlassen oder, wie wir es ausdrücken könnten, aus der "Komfortzone" herauszukommen. Markus berichtet von dieser Begebenheit in einem Detail, das in den anderen Berichten fehlt, nämlich dass Jakobus und Johannes ihren Vater Zebedäus "mit den angestellten Knechten" verlassen (**Mk 1,20**). Sie selbst sind keine Arbeiter oder Tagelöhner, sondern waren Teil eines möglicherweise relativ erfolgreichen Familienunternehmens. Wie Suzanne Watts Henderson in Bezug auf die Antwort der Jünger hervorhebt, unterstreicht die "Anhäufung von Einzelaspekten das volle Gewicht des Verbs [*verlassen*]: nicht nur ein paar Netze werden zurückgelassen, sondern ein namentlich genannter Vater, ein Boot und sogar ein ganzes Unternehmen". Damit die Jünger Jesus nachfolgen konnten, mussten sie zeigen, dass sie bereit waren, ihre

Identität, ihren Status und ihren Wert in erster Linie von ihm abhängig zu machen.

Der Fischfang war in Galiläa ein großer Wirtschaftszweig, der mit dem Einsalzen (Konservierung von Lebensmitteln in Salz) von Fisch verbunden war. In einer Zeit sozialer Turbulenzen in Galiläa unterstützten sich diese beiden verbundenen Industrien gegenseitig und blieben stabil. Die Bereitschaft der Jünger, diese Stabilität aufzugeben, ist recht ungewöhnlich; es ist klar, dass die wirtschaftliche Stabilität nicht mehr ihr Hauptzweck der Arbeit ist. Hier müssen wir vorsichtig sein. Jesus lehnt die irdische Berufung dieser Männer nicht ab, sondern lenkt sie um. Er ruft Simon und Andreas auf, "Menschenfischer" zu sein (**Mk 1,17**), und bekräftigt damit ihre frühere Arbeit als Bild für die neue Rolle, zu der er sie beruft. Die meisten Christen sind zwar nicht dazu berufen, ihre Arbeit aufzugeben und Wanderprediger zu werden, aber wir sind dazu aufgerufen, unsere Identität in Christus zu verwurzeln. Ob wir nun unsere Arbeit aufgeben oder nicht, die Identität eines Jüngers ist nicht mehr "Fischer", "Zöllner" oder sonst etwas, sondern "Nachfolger Jesu". Das fordert uns heraus, der Versuchung zu widerstehen, unsere Arbeit zu dem Element zu machen, das bestimmt, wer wir sind.

Der gelähmte Mann (Markus 2:1-12)

Die Geschichte, in der Jesus einen gelähmten Mann heilt, wirft die Frage auf, was die Theologie der Arbeit für diejenigen bedeutet, die nicht arbeiten können. Der gelähmte Mann ist vor seiner Heilung nicht in der Lage, einer Arbeit nachzugehen, um seinen Lebensunterhalt zu bestreiten. Daher ist er für sein tägliches Überleben auf die Gnade und das Mitgefühl der Menschen um ihn herum angewiesen. Jesus ist beeindruckt von dem Glauben der Freunde dieses Mannes. Ihr Glaube ist aktiv und beweist Fürsorge, Mitgefühl und Freundschaft mit jemandem, der von den finanziellen und beziehungsmäßigen Belohnungen der Arbeit ausgeschlossen war. In ihrem Glauben gibt es keine Trennung zwischen Sein und Tun.

Jesus sieht ihre Bemühungen als einen Akt des gemeinsamen Glaubens. Als Jesus *ihren* Glauben sah, sagte er zu dem Gelähmten: "Mein Sohn, deine Sünden sind dir vergeben" (**Markus 2,5**). Leider spielt die *Gemeinschaft* des Glaubens im Arbeitsleben der meisten Christen im modernen Westen eine sehr geringe Rolle. Selbst wenn wir in der Kirche Hilfe und Ermutigung für unsere Arbeit erhalten, handelt es sich fast immer um *individuelle* Hilfe und Unterstützung. In der Vergangenheit arbeiteten die meisten Christen mit denselben Menschen zusammen, mit denen sie zur Kirche gingen, so dass die Kirchen die Heilige Schrift leicht auf die gemeinsamen Berufe von Arbeitern, Bauern und Hausbesitzern anwenden konnten. Im Gegensatz dazu ist es für westliche Christen heute nicht üblich, an denselben Orten zu arbeiten wie andere Menschen in ihrer eigenen Kirche. Es ist jedoch üblich, dass Christen heute die gleiche Art von Arbeit haben wie andere in ihren Religionsgemeinschaften, und so kann es eine Gelegenheit geben, ihre Herausforderungen und Arbeitsmöglichkeiten mit anderen Gläubigen zu teilen, die ähnliche Berufe haben. Dies geschieht jedoch nur selten. Wenn wir keinen Weg finden, wie *Gruppen* von Christen sich gegenseitig unterstützen, zusammen wachsen und eine Art von arbeitsbezogener christlicher Gemeinschaft entwickeln können, werden wir den gemeinschaftlichen Charakter des Glaubens verlieren, der in **Markus 2,3-12** so wichtig ist.

In dieser kurzen Episode können wir also drei Aspekte beobachten: (1) Arbeit soll sowohl denjenigen zugute kommen, die sich selbst versorgen können, als auch denjenigen, die sich nicht selbst durch Arbeit versorgen können; (2) Glaube und Arbeit sind nicht getrennt in Sein und Tun, sondern sind im Handeln integriert und von Gott ermächtigt; und (3) Arbeit, die im Glauben getan wird, schreit nach einer unterstützenden Glaubensgemeinschaft.

Der Ruf des Levi (Markus 2:13-17)

Die Berufung des Levi ist ein weiteres Ereignis, das sich auf dem Weg Jesu ereignet (**Mk 2,13-14**). Der Abschnitt unterstreicht den öffentlichen Charakter dieser Berufungen. Jesus ruft Levi, während er eine Menschenmenge unterrichtet (**Mk 2,14**), und Levi wird zum ersten Mal "im Steueramt sitzend" gesehen. Sein Beruf machte ihn zu einer Person, die von vielen seiner galiläischen Zeitgenossen verachtet wurde. Es gibt eine gewisse Debatte darüber, wie stark die römische und herodianische Besteuerung in Galiläa empfunden wurde, aber die meisten glauben, dass das Problem schmerzhaft war. Die eigentliche Steuererhebung wurde von privaten Steuereintreibern durchgeführt, die auf Bestellung arbeiteten. Ein Steuereintreiber zahlte die Steuer für sein gesamtes Gebiet im Voraus und zog dann die einzelnen Steuern von der Bevölkerung ein. Um dies rentabel zu machen, berechnete er den Einwohnern einen höheren Betrag als den eigentlichen Steuersatz und behielt den Aufschlag. Auf diese Weise übertrugen die römischen Behörden die politisch heikle Aufgabe der Steuererhebung an Mitglieder der lokalen Gemeinschaft, was jedoch zu einem hohen effektiven Steuersatz führte und allen Arten von Korruption Tür und Tor öffnete. Wahrscheinlich war dies einer der Faktoren, die zum Verlust von Land in Galiläa beitrugen, da die Landbesitzer sich Geld liehen, um die Steuern zu bezahlen, und dann, wenn ihre Ernte schlecht ausfiel, ihr Eigentum als Sicherheit verloren. Die Tatsache, dass wir Levi zunächst in seinem Steuerbüro sehen, bedeutet, dass er in der Tat ein lebendiges Symbol der römischen Besatzung ist und eine Erinnerung daran, dass einige Juden bereitwillig mit den Römern kollaborierten. Die Beziehung zwischen den Zöllnern und den "Sündern" in **Markus 2,16** bestätigt die negative Assoziation.

Während Lukas betont, dass Levi alles verlässt, um dem Ruf Jesu zu folgen (**Lk 5,28**), berichtet Markus lediglich, dass Levi ihm folgt. Danach bereitet der Zöllner ein Festmahl vor und öffnet die Türen seines Hauses für Jesus und seine Jünger sowie für eine vielfältige Gruppe, zu der auch andere Zöllner und "Sünder" gehören. Während dieses Bild wie ein Mann aussieht, der das Evangelium mit seinen Arbeitskollegen teilen will, ist die Realität wahrscheinlich etwas subtiler. Zu Levis "Gemeinschaft" gehörten seine Kollegen und andere, die als "Sünder" von den führenden Persönlichkeiten der Gemeinde abgelehnt wurden. Mit anderen Worten, ihre Arbeit führte dazu, dass sie zu einer Untergemeinschaft gehörten, die zwar intern gute soziale Beziehungen hatte, aber schlechte Beziehungen zu den umliegenden Gemeinden. Dies gilt heute für viele Arten von Arbeit. Unsere Arbeitskollegen haben vielleicht mehr Verständnis für uns als unsere Nachbarn. Die Zugehörigkeit zu einer Arbeitsgemeinschaft kann uns dabei helfen, eine Begegnung zwischen unseren Mitarbeitern und der Realität des Evangeliums herbeizuführen. Interessanterweise ist die Gastfreundschaft, ein gemeinsames Essen anzubieten, ein wichtiger Teil des Dienstes Jesu und zeigt eine konkrete Art und Weise, wie solche Begegnungen organisiert werden können. Die Gastfreundschaft eines gemeinsamen Mittagessens mit den Mitarbeitern, eine gemeinsame Zeit zum Laufen oder Trainieren in der Turnhalle oder ein gemeinsames Getränk nach der Arbeit kann tiefere Beziehungen zu unseren Mitarbeitern aufbauen. Diese Freundschaften haben an sich schon einen bleibenden Wert, und durch sie kann der Heilige Geist die Tür zu einer Art von Evangelisation öffnen, die innerhalb einer Freundschaft geschieht.

Dies wirft eine Frage auf. Wenn die Christen von heute ein Essen mit ihren Mitarbeitern, Freunden in ihrer Nachbarschaft und Freunden in ihrer Kirche veranstalten würden, worüber würden sie dann reden? Der christliche Glaube hat viel darüber zu sagen, wie man ein guter Arbeiter und ein guter Nachbar ist. Aber wissen Christen, wie man über diese

Themen in einer gemeinsamen Sprache spricht, die ihre Kollegen und Nachbarn verstehen können? Wenn sich das Gespräch auf den Arbeitsplatz oder bürgerliche Fragen wie Arbeitssuche, Kundendienst, Grundsteuer oder Bebauungspläne bezieht, wären wir dann in der Lage, mit Nichtgläubigen sinnvoll darüber zu sprechen, wie christliche Konzepte auf solche Fragen anzuwenden sind? Bereiten uns unsere Kirchen auf diese Gespräche vor? Es scheint, dass Levi - oder Jesus - in der Lage war, sinnvoll darüber zu sprechen, inwiefern die Botschaft Jesu für das Leben der dort versammelten Menschen relevant war.

(Das Thema der Besteuerung wird später im Evangelium wieder auftauchen, so dass wir damit warten, einige unserer Fragen über die Haltung Jesu dazu zu stellen).

Die Zwölf (Markus 3:13-19)

Neben den Berichten, die die Berufung bestimmter Jünger beschreiben, finden wir auch die Geschichte der Ernennung der Apostel. Ein wichtiger Punkt in Markus 3,13-14 ist, dass die Zwölf eine besondere Gruppe innerhalb einer größeren Gemeinschaft von Jüngern darstellen. Die Einzigartigkeit ihres apostolischen Amtes ist wichtig, und sie sind zu einer besonderen Form des Dienstes berufen, die von den Erfahrungen der meisten von uns weit entfernt sein mag. Wenn wir Lehren aus den Erfahrungen und der Rolle der Jünger ziehen wollen, müssen wir erkennen, wie ihr Handeln und ihre Überzeugungen mit dem Reich Gottes zusammenhängen, und nicht nur aus der Tatsache, dass sie ihre Arbeit aufgegeben haben, um Jesus zu folgen.

Von Bedeutung sind hier die verschiedenen Namen, die Simon, Jakobus, Johannes und Judas in **Markus 3,16-19** gegeben werden. Jesus ergänzt Simons Namen durch einen neuen Namen, "Petrus", der dem griechischen Wort für "Fels" (*petros*) sehr ähnlich ist. Es ist unvermeidlich, sich zu fragen, ob in diesem Namen nicht eine gewisse Ironie und Verheißung steckt. Simon, der sich als wahrhaft wankelmütig und unbeständig erwiesen hat, wird der "Fels" genannt und wird diesem Namen eines Tages gerecht werden. Wie er wird auch unser Dienst für Gott am Arbeitsplatz und in allen anderen Bereichen unseres Lebens nicht von sofortiger Perfektion geprägt sein, sondern von Versagen und Wachstum. Das ist ein hilfreicher Gedanke in Zeiten, in denen wir das Gefühl haben, dass wir versagt und damit das Reich Gottes in Verruf gebracht haben.

So wie Simon einen neuen Namen erhält, werden die Söhne des Zebedäus "Donnersöhne" genannt (**Markus 3,17**). Das ist ein eigenartiger Spitzname und scheint humorvoll zu sein, aber er fasst wahrscheinlich den Charakter oder die Persönlichkeit dieser beiden Männer zusammen. Interessanterweise beseitigt die Aufnahme in das Reich Gottes nicht die Persönlichkeit und die Persönlichkeitstypen, die es gibt. Das hat Vor- und Nachteile. Einerseits bleibt unsere Persönlichkeit Teil unserer Identität im Reich Gottes und bestimmt weiterhin, wie wir das Reich Gottes am Arbeitsplatz repräsentieren. Das hilft uns, der Versuchung zu widerstehen, unsere Identität in einem Stereotyp zu finden, selbst in einem christlichen. Gleichzeitig kann unsere Persönlichkeit aber auch von Elementen geprägt sein, die mit dem Evangelium konfrontiert werden müssen. Ein Hinweis darauf findet sich in dem Titel, der den Söhnen des Zebedäus gegeben wurde, denn er scheint darauf hinzuweisen, dass sie ein schlechtes Temperament oder eine Neigung zu Konflikten hatten, und obwohl der Spitzname liebevoll vergeben wird, ist er vielleicht nichts, worauf sie stolz sein können.

Die Frage der Persönlichkeit trägt wesentlich zu unserem Verständnis der Anwendung des christlichen Glaubens am Arbeitsplatz bei. Die meisten von uns werden wahrscheinlich bestätigen, dass unsere guten und schlechten Erfahrungen am Arbeitsplatz zu einem großen Teil von den Persönlichkeiten der Menschen in unserer Umgebung beeinflusst wurden. Oft können die Charaktereigenschaften, die jemanden zu einem inspirierenden und belebenden Kollegen machen, dieselbe Person zu einer schwierigen Person machen. Ein motivierter und enthusiastischer Mitarbeiter lässt sich vielleicht leicht von neuen Projekten ablenken oder neigt dazu, schnell zu urteilen (und sein Urteil zu äußern). Auch unsere eigene Persönlichkeit spielt eine wichtige Rolle. Es kann uns leicht oder schwer fallen, mit anderen zusammenzuarbeiten, je nach deren Persönlichkeit und unserer eigenen. Aber auch andere Menschen können eine Meinung darüber haben, wie leicht oder schwer es ist, mit *uns zu* arbeiten.

Dabei geht es jedoch nicht nur darum, mit anderen auszukommen. Unsere ausgeprägte Persönlichkeit bestimmt unsere Fähigkeiten, mit denen wir zur Arbeit unserer Organisation - und durch sie zur Arbeit des Reiches Gottes - beitragen, im Guten wie im Schlechten. Die Persönlichkeit verleiht uns sowohl Stärken als auch Schwächen. Christus nachzufolgen bedeutet in gewisser Weise, ihm zu erlauben, die Auswüchse unserer Persönlichkeit zu zügeln, wie er die Donnersöhne wegen ihres fehlgeleiteten Ehrgeizes, zu seiner Rechten und zu seiner Linken zu sitzen, ermahnte (**Mk 10,35-45**). Gleichzeitig kommt es häufig vor, dass Christen einen Fehler begehen, indem sie ein universelles Modell für bestimmte Persönlichkeitsmerkmale aufstellen. Einige christliche Gemeinschaften haben Aspekte wie Extravertiertheit, Sanftmut, Abneigung gegen Machtausübung oder - negativer - Unhöflichkeit, Intoleranz und Naivität bevorzugt. Andere Christen haben das Gefühl, dass die Eigenschaften, die sie in ihrer Arbeit hervorstechen lassen - z. B. Festigkeit, Skepsis gegenüber Dogmen oder Ehrgeiz - ihnen ein schlechtes Gewissen machen oder sie an den Rand der Kirche drängen. Der Versuch, etwas zu sein, was wir nicht sind, im Sinne des Versuchs, einem Stereotyp dessen zu entsprechen, was ein Christ bei der Arbeit sein sollte, kann ziemlich kompliziert sein und anderen das Gefühl geben, dass wir nicht authentisch sind. Wir sind aufgerufen, Christus (**Phil 2,5**) und unsere Leiter (**Hebr 13,7**) nachzuahmen, aber dabei geht es um die Nachahmung der Tugend, nicht der Persönlichkeit. In jedem Fall wählt Jesus Menschen mit unterschiedlichen Persönlichkeiten als Freunde und Mitarbeiter aus. Es gibt viele Hilfsmittel, die Einzelpersonen und Organisationen dabei helfen, die Vielfalt der Persönlichkeitsmerkmale bei der Entscheidungsfindung, der Berufswahl, der Gruppenleistung, der Konfliktlösung, der Führung, den Arbeitsbeziehungen und anderen Faktoren besser zu nutzen.

Einerseits muss dies mit einer Theologie des Reichtums oder des Erbes zusammenhängen, andererseits muss es dort angesiedelt sein, wo sich die Theologien von Kirche und Arbeit treffen. Es ist immer verlockend, und es mag sogar obligatorisch erscheinen, ein Netzwerk von Christen in der Arbeitswelt zu unterhalten und zu versuchen, sich gegenseitig zu unterstützen. Das ist zwar eine gute Sache, aber wir müssen in diesem Punkt realistisch sein. Einige derjenigen, die sich selbst als Nachfolger Jesu darstellen, haben vielleicht tatsächlich ein fehlgeleitetes Herz, das die Ideen, die sie vertreten, beeinflussen kann. In solchen Fällen ist es unsere Aufgabe als Christen, bereit zu sein, einander in Liebe zu begegnen und uns gegenseitig zur Rechenschaft zu ziehen, um zu sehen, ob wir tatsächlich nach den Maßstäben des Reiches Gottes handeln.

Jüngerschaft im Prozess (Markus 4:35-41; 6:45-52; 8:14-21)

Das Markusevangelium hebt mehr als die anderen Evangelien die Unwissenheit, die Schwäche und den Egoismus der Jünger hervor, obwohl es auch viele positive Aspekte über sie erwähnt, einschließlich ihrer Reaktion auf den ersten Ruf Jesu (**Markus 1,16-20**) und den Auftrag, den er ihnen erteilt (**Markus 6,7-13**).

Dieses Bild wird durch bestimmte Begebenheiten und Erzählstrategien entwickelt. Eine davon ist die Wiederholung von Bootsszenen (**Mk 4,35-41**; **6,45-52**; **8,14-21**), die sich insofern ähneln, als sie die Unfähigkeit der Jünger betonen, die Macht und Autorität Jesu wirklich zu verstehen. Unmittelbar nach der letzten Szene auf dem Boot folgt die eigentümliche Heilung eines Blinden in zwei Etappen (**Mk 8,22-26**), die als eine Art erzählerische Metapher dienen kann, um die unvollständige Wahrnehmung Jesu durch die Jünger zu beschreiben. Dann legt Petrus sein Bekenntnis zu Christus ab (**Mk 8,27-33**), ein dramatischer Moment der Erkenntnis, auf den unmittelbar die satanische Blindheit folgt. Das begrenzte Verständnis der Jünger von Jesu Identität entspricht ihrem begrenzten Verständnis seiner Botschaft. Sie streben immer noch nach Macht und Ansehen (**Mk 9,33-37**; **10,13-16**; **10,35-45**). Jesus stellt sie mehrmals zur Rede, weil sie nicht erkennen, dass die Nachfolge Jesu eine grundlegende Haltung der persönlichen Aufopferung erfordert. Am deutlichsten wird dies natürlich in dem Moment, als die Jünger Jesus verlassen, als er verhaftet und vor Gericht gestellt wird (**Mk 14,50-51**). Der Bericht über die dreimalige Verleugnung des Petrus (**Mk 14,66-72**) und den Tod Jesu zeigt sehr deutlich die Feigheit bzw. den Mut der beiden.

Dennoch sind es Petrus und die anderen, die die Kirche leiten werden. Der Engel, der nach der Auferstehung zu der Frau spricht (**Mk 16,6-7**), überbringt den Jüngern eine Botschaft (und nennt ausdrücklich Petrus!) und verspricht ihnen eine weitere Begegnung mit dem auferstandenen Jesus. Diese Begegnung hat die Jünger radikal verändert, eine Tatsache, die Markus nicht untersucht, die aber in der Apostelgeschichte gut herausgearbeitet wird; die Auferstehung ist also das Schlüsselereignis, das diese Veränderung herbeiführt.

Welche Bedeutung hat das für unsere Arbeit? Ganz einfach und offensichtlich, dass wir als Jünger Jesu in unserer eigenen Arbeit unvollkommen und im Prozess sind. Es wird sehr viele Sünden geben, für die wir Buße tun müssen, Einstellungen, die falsch sind und die wir ändern müssen. Wichtig ist, dass wir erkennen, dass wir wie die Jünger in vielem, was wir glauben und denken, falsch liegen können, sogar in Fragen des Evangeliums. Deshalb sollten wir täglich unter Gebet darüber nachdenken, wie wir das Reich Gottes repräsentieren, und bereit sein, für unsere Unzulänglichkeiten in dieser Arbeit Reue zu zeigen. Wir könnten versucht sein, an unserem Arbeitsplatz zu zeigen, dass wir aufrichtig, weise und geschickt sind, um ein Zeugnis für die Gerechtigkeit, Weisheit und Vortrefflichkeit Jesu abzulegen. Ein ehrlicheres und kraftvolleres Zeugnis wäre es jedoch, uns so zu zeigen, wie wir wirklich sind – unvollkommene und etwas egozentrische Werke im Werden, Beweise für Gottes Barmherzigkeit und nicht Ausdruck seines Charakters. Unser Zeugnis besteht also darin, unsere Mitarbeiter einzuladen, mit uns in Gottes Wegen zu wachsen, und nicht, so zu werden wie wir. Natürlich müssen wir uns rigoros anstrengen, um in Christus zu wachsen. Gottes Barmherzigkeit ist keine Entschuldigung dafür, dass wir uns mit unserer Sünde zufrieden geben.

Rhythmen von Arbeit, Ruhe und Anbetung (Markus 1-4; 6; 13)

Die ersten Tage der Bewegung (Markus 1:21-45)

Am Sabbat, dem Tag der Ruhe, finden eine ganze Reihe von Ereignissen statt (**Mk 1,21-34**), von denen einige in der Synagoge stattfinden (**Mk 1,21-28**). Es ist wichtig festzustellen, dass die wöchentliche Routine von Arbeit, Ruhe und Anbetung in Jesu Leben integriert ist und dass er sie weder ignoriert noch verwirft. In unserer Zeit, in der diese Praxis stark reduziert wurde, ist es wichtig, sich daran zu erinnern, dass Jesus diesen Wochenrhythmus beibehalten hat. Natürlich ist es auch wichtig zu wissen, dass Jesus an diesem Tag die Wahrheit sprach und heilte, was ihn später in Konflikt mit den Pharisäern bringen sollte. Das macht auch deutlich, dass der Sabbat nicht nur ein Tag der Arbeitsruhe ist, sondern ein Tag der aktiven Liebe und Barmherzigkeit.

So wie es einen Wochenrhythmus gibt, so gibt es auch einen Tagesrhythmus. Nach dem Sabbat stand Jesus auf, um zu beten, "als es noch dunkel war" (**Markus 1,35**). Seine erste Priorität an diesem Tag ist die Beziehung zu Gott. Die Betonung der Einsamkeit Jesu während seiner Gebetszeit ist wichtig, denn sie unterstreicht, dass dieses Gebet kein öffentliches Spektakel ist, sondern eine Sache der persönlichen Gemeinschaft.

Das tägliche Gebet scheint für viele christliche Arbeitnehmer eine äußerst schwierige Praxis zu sein. Zwischen den morgendlichen familiären Verpflichtungen, dem langen Arbeitsweg, den frühen

Arbeitsstunden, dem Wunsch, bei den Aufgaben des Tages voranzukommen, und den späten Nachtstunden, die notwendig sind, um die Arbeit des Tages zu erledigen (oder zur Unterhaltung), scheint es fast unmöglich, eine beständige morgendliche Gebetsroutine zu etablieren. Und später am Tag ist es sogar noch schwieriger. Markus urteilt nicht über diejenigen, die nicht täglich für ihre Arbeit beten oder beten können, aber er zeigt Jesus, der beschäftigter ist als alle anderen um ihn herum und für die Arbeit und die Menschen betet, die Gott ihm jeden Tag in den Weg stellt. Inmitten des Drucks des Arbeitslebens kann das tägliche Gebet wie ein persönlicher Luxus erscheinen, den wir uns nicht leisten können. Jesus konnte sich jedoch nicht vorstellen, ohne Gebet zur Arbeit zu gehen, so wie sich viele von uns nicht vorstellen können, ohne Schuhe zur Arbeit zu gehen.

Es ist gut, sich eine feste Zeit für das Gebet zu nehmen, aber das ist nicht die einzige Möglichkeit zu beten. Wir können auch während des Arbeitstages beten. Eine hilfreiche Praxis für viele ist es, zu verschiedenen Zeiten des Tages kurz zu beten. Die "Daily Devotionals for Individuals and Families" (Tägliche Andachten für Einzelpersonen und Familien), die im Book of Common Prayer zu finden sind, bieten kurze Gebetsstrukturen für morgens, mittags, nachmittags und abends, die den Lebens- und Arbeitsrhythmus des Tages berücksichtigen. Kürzere Beispiele sind ein- oder zweisätzige Gebete, um von einer Aufgabe zur nächsten zu gelangen, das Beten mit offenen Augen, das stille oder laute Danken vor den Mahlzeiten, das Aufbewahren eines Gegenstandes oder eines Bibelverses in der Tasche als Erinnerung an das Beten und viele andere.

Der Herr des Sabbats (Markus 2,23-3,6)

Wie bereits in unserer Diskussion über **Markus 1,21-34** erwähnt, ist der Sabbat in den Wochenrhythmus von Jesu Leben integriert. In dem Konflikt zwischen ihm und den Pharisäern geht es nicht darum, ob man den Sabbat halten soll oder nicht, sondern *wie man* ihn halten soll. Für die Pharisäer war der Sabbat in erster Linie negativ definiert, und so stellte sich die Frage, was durch das Gebot, nicht zu arbeiten (**Ex 20,8-11**; **Dtn 5,12-15**), verboten war. Für sie stellt selbst die beiläufige Handlung der Jünger, Getreide zu pflücken, eine Art von Arbeit dar und ignoriert daher das Verbot. Interessanterweise bezeichnen sie diese Handlung als "nicht erlaubt" (**Mk 2,24**), obwohl sich in der Tora keine solche spezifische Anwendung des vierten Gebots findet. Sie halten ihre Auslegung des Gesetzes für zuverlässig und verbindlich und können sich nicht vorstellen, dass sie falsch liegen könnte. Die Heilungstat Jesu (**Mk 3,1-6**) erscheint ihnen noch fragwürdiger und ist der entscheidende Faktor, der die Pharisäer dazu bringt, ein Komplott gegen ihn zu schmieden.

Anders als die Pharisäer sieht Jesus den Sabbat in einem positiven Licht. Der Tag der Arbeitsfreiheit ist ein Geschenk für die Menschheit: "Der Sabbat ist für den Menschen gemacht, nicht der Mensch für den Sabbat" (**Markus 2,27**). Außerdem bietet der Sabbat die Möglichkeit, Mitgefühl und Liebe zu üben. Eine solche Sicht des Sabbats hat einen tiefen prophetischen Hintergrund. In Jesaja 58 wird der Sabbat mit Barmherzigkeit und sozialer Gerechtigkeit im Dienste Gottes in Verbindung gebracht und gipfelt in einer Beschreibung von Gottes Segen für diejenigen, die "den Sabbat eine Wonne" nennen (**Jes 58,13-14**). Die Gegenüberstellung von Barmherzigkeit, Gerechtigkeit und Sabbat deutet darauf hin, dass der Sabbat am besten als Tag der

Anbetung genutzt werden kann, wenn er von Ausdrucksformen der Barmherzigkeit und Gerechtigkeit begleitet wird. Schließlich ist der Sabbat selbst eine Erinnerung an Gottes Gerechtigkeit und Barmherzigkeit bei der Befreiung Israels aus der Sklaverei in Ägypten (**Dtn 5,15**).

Der erste Bericht über den Sabbat (**Markus 2,23-28**) wird durch das Pflücken von Ähren durch die Jünger ausgelöst. Obwohl Matthäus hinzufügt, dass sie hungrig waren, und Lukas erwähnt, dass sie die Ähren zwischen den Händen rieben, bevor sie sie aßen, beschreibt Markus die Handlung einfach als das Pflücken von Ähren, was ihren beiläufigen Charakter vermittelt. Es ist wahrscheinlich, dass die Jünger beim Auszupfen und Reiben der Ähren abgelenkt waren. Die Verteidigung Jesu, als er von den Pharisäern befragt wird, erscheint zunächst etwas seltsam, da es sich um eine Geschichte über den Tempel und nicht über den Sabbat handelt.

"Habt ihr nie gelesen, was David tat, als er in Not war und hungerte, er und seine Gefährten, wie er in das Haus Gottes ging zur Zeit Abjathars, des Hohenpriesters, und das geweihte Brot aß, das zu essen niemandem erlaubt ist außer den Priestern, und denen gab, die mit ihm waren?" (**Markus 2,25-26**)

Die Gelehrten sind sich uneins darüber, wie - oder ob überhaupt - Jesu Argumentation nach den Grundsätzen der jüdischen Exegese und Argumentation funktioniert. Der Schlüssel ist die Anerkennung des Konzepts der "Heiligkeit". Sowohl der Sabbat als auch der Tempel (und das, was er enthält) werden in der Heiligen Schrift als "heilig" bezeichnet. Der Sabbat ist eine heilige Zeit, der Tempel ist ein heiliger Raum, aber die Lehren, die aus der Heiligkeit des einen gezogen werden können, lassen sich auch auf den anderen übertragen.

Der Gedanke, den Jesus vermitteln will, ist, dass die Heiligkeit des Tempels seine Beteiligung an Taten des Mitgefühls und der

Gerechtigkeit nicht ausschließt. Die heiligen Räume der Erde sind keine Hütten der Heiligkeit *gegen die* Welt, sondern Orte der Gegenwart Gottes *für die* Welt, für seinen Unterhalt und seine Wiederherstellung der Welt. Ein Ort, der für Gott reserviert ist, ist seinem Wesen nach ein Ort der Gerechtigkeit und des Mitgefühls. "Der Sabbat [und damit der Tempel] ist für den Menschen gemacht, nicht der Mensch für den Sabbat" (**Markus 2,27**). In der Matthäus-Version dieser Erzählung wird aus **Hosea 6,6** zitiert: "Ich will Barmherzigkeit und nicht Opfer" (**Mt 12,7**). Dies verdeutlicht diesen Punkt, der bei Markus weniger stark betont wird.

Derselbe Gedanke taucht in der zweiten durch den Sabbat ausgelösten Kontroverse auf, als Jesus an diesem Tag in einer Synagoge einen Mann heilt (**Mk 3,1-6**). Die Schlüsselfrage, die Jesus stellt, lautet: "Ist es am Sabbat erlaubt, Gutes zu tun oder Böses zu tun, ein Leben zu retten oder zu töten?" Das Schweigen der Pharisäer auf diese Frage ist eine Bestätigung dafür, dass der Sabbat geehrt wird, indem man Gutes tut, indem man ein Leben rettet.

Was bedeutet das für unsere heutige Arbeit? Das Prinzip des Sabbats besteht darin, dass wir einen Teil unserer Zeit weihen und ihn von den Anforderungen der Arbeit freihalten sollten, damit er einen besonderen Charakter der Anbetung hat. Damit soll nicht gesagt werden, dass der Sabbat die einzige Zeit der Anbetung ist oder dass Arbeit nicht auch eine Form der Anbetung sein kann. Das Prinzip des Sabbats gibt uns jedoch Zeit, uns auf eine andere Weise auf Gott zu konzentrieren, als es die Arbeitswoche erlaubt, und seinen Segen auf eine andere Weise zu genießen. Wichtig ist, dass er uns auch Raum gibt, damit sich unsere Anbetung Gottes durch Mitgefühl, Fürsorge und Liebe für andere manifestieren kann. Unsere Anbetung am Sabbat bereichert unsere Arbeit unter der Woche.

In Anerkennung der Tatsache, dass es keine einheitliche christliche Sichtweise des Sabbats gibt, untersucht Theologie der Arbeit im Abschnitt **"Der Sabbat und die Arbeit"** im Kapitel **"Lukas und die Arbeit"** eine etwas andere Sichtweise.

Jesus, der Baumeister (Markus 6:1-6)

Eine Begebenheit in Jesu Heimatstadt gibt einen ungewöhnlichen Einblick in sein Wirken, bevor er zum Wanderprediger wurde. Es geht darum, dass in Jesu Heimatstadt seine Freunde und Bekannten nicht glauben können, dass dieser Dorfjunge ein großer Lehrer und Prophet geworden ist. Sie beklagen sich und sagen: "Was ist das für eine Weisheit, die ihm gegeben wurde, und was sind das für Wunder, die er mit seinen Händen tut? Ist das nicht der Zimmermann, der Sohn der Maria und Bruder des Jakobus, des Josef, des Judas und des Simon? Sind nicht seine Schwestern hier bei uns?" (**Markus 6,2-3**). Dies ist die einzige Stelle in der Bibel, die direkt angibt, welchen Beruf Jesus ausübte (in **Matthäus 13,55** wird Jesus als "Sohn des Zimmermanns" bezeichnet; Lukas und Johannes erwähnen seinen Beruf nicht).) Das griechische Wort (*tekton*) bezieht sich auf einen Baumeister oder Handwerker, der irgendeine Art von Material verarbeitet, was in Palästina normalerweise Stein oder Ziegel ist. Die Übersetzung mit "*Zimmermann*" im englischen Fall spiegelt möglicherweise wider, dass in London zur Zeit der ersten Übersetzungen Holz das gängigste Baumaterial war.

Wie viel von Jesu persönlicher Erfahrung spiegelt sich in diesen Gleichnissen wider? Hat er geholfen, einen Zaun zu bauen, mit einer Weinpresse zu arbeiten oder einen Turm in einem Weinberg zu errichten, und wurde er Zeuge der fehlerhaften Beziehungen zwischen dem Gutsbesitzer und den Pächtern (**Mk 12,1-12**)? Ging einem seiner Kunden beim Bau eines Turms das Geld aus und er verschuldete sich bei Jesus (**Lk 14,28-30**)? Erinnert er sich an Josefs Lehre, das Fundament bis auf festen Fels zu graben, damit das Gebäude Wind und Flut standhalten kann (**Mt 7,24-27**)? Hat er jemals Gehilfen eingestellt und musste sich böse Kommentare über die Bezahlung (**Mt 20,1-16**) und die Hierarchie gefallen lassen (**Mk 9,33-37**)? Hat ihn jemals ein Verwalter dabei ertappt, wie er ihn aufforderte, sich an einer Verschwörung zum Betrug am Eigentümer zu beteiligen (**Lk 16,1-16**)? Kurz gesagt, wie viel von der Weisheit in den Gleichnissen Jesu wurde durch seine Erfahrung als Arbeiter in der Wirtschaft des ersten Jahrhunderts entwickelt? Zumindest kann die Erinnerung an die Erfahrung Jesu als Bauarbeiter uns helfen, die Gleichnisse in einem realistischeren Licht zu sehen.

Die Gleichnisse bei der Arbeit (Markus 4:26-29 und 13:32-37)

Markus enthält nur zwei Gleichnisse, die nicht in den anderen Evangelien zu finden sind. Beide sind kurz und handeln von der Arbeit.

Das erste dieser Gleichnisse in **Markus 4,26-29** vergleicht das Reich Gottes mit einem Samen, der keimt und wächst. Es hat Ähnlichkeiten mit dem berühmten Gleichnis vom Senfkorn, das unmittelbar folgt, und mit dem Gleichnis vom Sämann (**Mk 4,1-8**). Obwohl sich das Gleichnis an einem Ort der landwirtschaftlichen Arbeit abspielt, wird die Rolle des Landwirts bewusst heruntergespielt. Der Same wächst und "er weiß es nicht" (**Mk 4,27**). Der Schwerpunkt liegt vielmehr darauf, wie die unerklärliche Macht Gottes das Wachstum des Reiches Gottes bewirkt. Doch der Bauer "steht Tag und Nacht auf", um das Feld zu bestellen (**Mk 4,26**), und setzt die Sichel an (**Mk 4,29**), um die Ernte einzufahren. Das Wunder Gottes wird denen zuteil, die die ihnen anvertraute Arbeit tun.

Das zweite Gleichnis, das nur in diesem Buch zu finden ist, steht in **Markus 13:32-37** und veranschaulicht die Notwendigkeit für die Jünger Jesu, auf sein zweites Kommen zu warten. Interessanterweise sagt Jesus: "Es ist wie bei einem Menschen, der auf eine Reise ging; und als er sein Haus verließ, ließ er seine Knechte zurück und wies jedem seine Aufgabe zu und befahl dem Türhüter, Wache zu halten" (**Markus 13,34**). Während seiner Abwesenheit müssen alle Diener weiterhin die ihnen zugewiesene Arbeit verrichten. Das Reich Gottes ist nicht wie ein Meister, der in ein fernes Land geht und verspricht, seine Diener irgendwann zu sich zu rufen. Nein, der Meister wird zurückkehren und gibt seinen Dienern die Aufgabe, das Haus für seine zukünftige Rückkehr wachsen zu lassen und zu erhalten.

Beide Gleichnisse gehen davon aus, dass die Jünger Jesu fleißige Arbeiter sind, egal welchen Beruf sie ausüben. Wir werden hier nicht auf die anderen Gleichnisse eingehen, sondern verweisen auf die ausführlichen Erörterungen in **"Matthäus und die Arbeit"** und **"Lukas und die Arbeit"**.

Wirtschaftliche Fragen (Mark 10-12)

Der reiche junge Mann und die Einstellung zu Reichtum und Status (Markus 10:17-31)

Reichtum (Markus 10:17-22)

———

Eine der wenigen Stellen im Markus-Evangelium, die sich direkt auf die wirtschaftliche Tätigkeit bezieht, ist die Begegnung Jesu mit einem reichen Mann, der ihn fragt: "Was soll ich tun, um das ewige Leben zu erben?" Als Antwort zählt Jesus die sechs eher sozial orientierten Gebote des Dekalogs auf (**Markus 10,18**). Interessanterweise fügt er das Gebot "Du sollst nicht begehren" (**2. Mose 20,17; 5. Mose 5,21**) mit einer unbestreitbaren kommerziellen Komponente hinzu, wie "Du sollst nicht betrügen". Der reiche Mann antwortet: "Das alles habe ich von Jugend an gehalten" (**Mk 10,20**). Doch Jesus erklärt ihm, dass das Einzige, was ihm fehlt, ein Schatz im Himmel ist, den er erhält, wenn er irdischen Reichtum opfert und dem Wanderprediger aus Galiläa folgt. Dies stellt ein Hindernis dar, das der reiche Mann nicht überwinden kann. Er scheint die Annehmlichkeiten und die Sicherheit seines Besitzes zu sehr zu lieben. **Markus 10,22** unterstreicht die affektive Dimension der Situation: "Er war aber betrübt über diese Worte und ging traurig weg". Die Lehre Jesu bereitet dem reichen jungen Herrscher emotionalen Kummer und zeigt, dass er für diese Wahrheit empfänglich ist, aber nicht in der Lage, sie zu befolgen. Seine emotionale Bindung an Reichtum und Status überlagert seine Bereitschaft, sich an die Worte Jesu zu halten.

Dies auf die Arbeit heute anzuwenden, erfordert echte Sensibilität und Ehrlichkeit in Bezug auf unsere eigenen Instinkte und Werte. Manchmal ist Reichtum ein *Ergebnis von Arbeit* - unserer eigenen oder der eines anderen -, aber die *Arbeit selbst* kann auch ein emotionales Hindernis für die Nachfolge Jesu sein. Wenn wir eine privilegierte Position haben - wie der reiche Mann - kann es wichtiger werden, unsere Karriere zu managen als anderen zu dienen, gute Arbeit zu leisten oder sogar Zeit für die Familie, das bürgerliche und geistliche Leben zu haben. Das kann uns daran hindern, bereit zu sein für den Fall, dass Gott uns einen unerwarteten Ruf erteilt. Unser Reichtum und unsere Stellung können uns arrogant oder unsensibel gegenüber den Menschen um uns herum machen. Es ist klar, dass Menschen mit Reichtum und Privilegien nicht die einzigen sind, die solche Schwierigkeiten haben. Ja, die Begegnung Jesu mit dem reichen Mann macht deutlich, dass es schwierig ist, motiviert zu sein, die Welt zu verändern, wenn man bereits eine vorteilhafte Position innehat. Bevor wir, die wir in der westlichen Welt über einen bescheidenen Status und Ressourcen verfügen, uns aus der Verantwortung stehlen, sollten wir uns jedoch fragen, ob wir nach den Maßstäben der Welt nicht auch aufgrund unseres (relativen) Reichtums und Status selbstgefällig geworden sind.

Bevor wir die Analyse dieser Episode abschließen, bleibt noch ein entscheidender Aspekt. "Jesus sah ihn an und liebte ihn" (**Markus 10,21**). Jesus will den jungen Mann nicht beschämen oder ängstigen, sondern ihn lieben. Er bittet ihn, zuallererst seinen Besitz *zu* verlassen und sagt: "Du wirst einen Schatz im Himmel haben; komm und folge mir nach". *Wir* sind es, die leiden, wenn wir zulassen, dass Reichtum oder Arbeit uns von anderen Menschen isolieren und unsere Beziehung zu Gott zerstören. Die Lösung besteht nicht darin, sich noch mehr anzustrengen, um gut zu sein, sondern darin, Gottes Liebe anzunehmen, das heißt, Christus nachzufolgen. Auf diese Weise lernen wir, dass wir Gott vertrauen können, dass er uns das gibt, was wir im Leben wirklich brauchen, und dass es nicht nötig ist, uns an unseren Besitz und unsere

Stellung zu klammern, um Sicherheit zu erlangen (dieses Gleichnis wird in **"Lukas 18,18-30"** in **"Lukas und die Arbeit"** ausführlicher behandelt).

Status (Markus 10:13-16, 22)

E in besonderer Aspekt der Darstellung dieser Geschichte bei Markus ist, dass er sie direkt neben die Geschichte von den Kindern stellt, die Jesus zu ihm bringen, und die spätere Aussage, dass wir das Reich Gottes wie Kinder empfangen sollen (**Mk 10,13-16**). Was die beiden Stellen miteinander verbindet, ist vielleicht nicht die Frage, ob man Sicherheit findet oder sich auf finanzielle Mittel statt auf Gott verlässt. Der entscheidende Aspekt ist vielmehr die Frage des Status. In der antiken mediterranen Gesellschaft hatten Kinder keinen Status oder zumindest einen niedrigen sozialen Status, da sie keine der Eigenschaften besaßen, nach denen der Status bestimmt wurde. Im Grunde besaßen sie nichts. Der reiche junge Mann dagegen besaß viele Statussymbole (**Markus 10,22**) und viele Güter (im Bericht des Lukas wird er ausdrücklich als "Herrscher" bezeichnet, **Lukas 18,18** NIV). Der reiche junge Herrscher kann den Eintritt in das Reich Gottes ebenso sehr durch seine Versklavung an den sozialen Status wie durch seine Versklavung an den Reichtum selbst verpassen.

In der heutigen Arbeitswelt gehen Status und Reichtum nicht unbedingt Hand in Hand, aber für diejenigen, die ihren Reichtum und ihren sozialen Status durch Arbeit erhöhen, ist dies eine doppelte Warnung. Selbst wenn es uns gelingt, Reichtum auf gottgefällige Weise zu nutzen, kann es viel schwieriger sein, der Falle der Statussklaverei zu entkommen. In den letzten Jahren haben mehrere Millionäre große Aufmerksamkeit erregt, weil sie sich verpflichtet haben, mindestens die Hälfte ihres Reichtums zu spenden. Ihre Großzügigkeit ist erstaunlich, und wir wollen die Spender in keiner Weise kritisieren. Wir können uns nur fragen, da der Wert des Gebens so gut bekannt ist, warum nicht viel mehr als die Hälfte geben? Fünfhundert Millionen Dollar sind immer noch eine Summe, die weit über dem Betrag liegt, den man zum Leben braucht. Ist es möglich, dass der Status, den man sich als Millionär (oder zumindest als etwas weniger Millionär) bewahrt hat, ein Hindernis dafür ist, sein gesamtes Vermögen den Zwecken zu widmen, die dem Spender eindeutig wichtig sind? Ist das bei Erwerbstätigen mit bescheidenen Mitteln anders? Hält uns die Wertschätzung des Status davon ab, mehr von unserer Zeit, unserem Talent und unseren Schätzen dem zu widmen, was wir als wirklich wichtig erkennen?

Die gleiche Frage könnte man auch denjenigen stellen, die einen Status haben, der nicht mit Reichtum verbunden ist. Akademiker, Politiker, Pastoren, Künstler und viele andere können aufgrund ihrer Arbeit einen privilegierten Status haben, ohne viel Geld verdienen zu müssen. Der Status kann sich beispielsweise daraus ergeben, dass man an einer bestimmten Universität arbeitet oder von einem bestimmten Kreis anerkannt wird. Kann der Status zu einer Form der Sklaverei werden, die es uns nicht erlaubt, unsere Position zu riskieren, indem wir eine unpopuläre Haltung einnehmen oder anderswo eine fruchtbarere Arbeit annehmen?

Wie schmerzhaft kann es sein, unseren beruflichen Status - wenn auch nur ein wenig - aufs Spiel zu setzen, um jemand anderem zu dienen, eine Ungerechtigkeit zu mildern, moralische Integrität zu bewahren oder uns selbst mit den Augen Gottes zu sehen? Jesus hatte all diesen Status und noch mehr, und vielleicht hat er deshalb so hart daran gearbeitet, ihn beiseite zu schieben, indem er täglich zu seinem Vater betete und sich ständig in der Gesellschaft von Menschen mit zweifelhaftem Ruf aufhielt.

Die Gnade Gottes (Markus 10:23-31)

Die späteren Worte Jesu (**Mk 10,23-25**) erklären die Bedeutung dieser Begegnung besser, da sie die Schwierigkeiten der Reichen beim Eintritt in das Reich Gottes verdeutlichen. Die Reaktion des jungen Mannes verdeutlicht, wie sehr reiche Menschen an ihrem Reichtum und dem damit verbundenen Status hängen. Es ist bezeichnend, dass die Jünger selbst über die Aussagen Jesu über die Reichen "verblüfft" sind. Es ist vielleicht erwähnenswert, dass Jesus, wenn er seine Aussage in **Markus 10,24** wiederholt, die Jünger als "Söhne" anspricht und erklärt, dass sie nicht durch ihren Status belastet sind und, weil sie ihm folgen, nicht unter der Last des Reichtums leiden.

Es ist wahrscheinlich, dass Jesu Gleichnis vom Kamel und dem Nadelöhr (**Mk 10,25**) nichts mit einem kleinen Tor in Jerusalem zu tun hat. Vielmehr könnte es sich um eine Anspielung auf das griechische Wortspiel der Begriffe Kamel (*kamelos*) und schweres Seil (*kamilos*) gehandelt haben. Das bewusst absurde Bild unterstreicht lediglich die Unmöglichkeit, dass die Reichen ohne göttliche Hilfe gerettet werden können. Das gilt auch für die Armen, denn "wer kann sonst gerettet werden" (**Mk 10,26**). Die Verheißung der göttlichen Hilfe wird in **Mk 10,27** ausführlich dargelegt: "Bei den Menschen ist es unmöglich, aber nicht bei Gott; denn bei Gott sind alle Dinge möglich". Eine solche Perspektive verhindert, dass der Text (und unsere Wertschätzung als Leser) zu einer bloßen Verunglimpfung der Reichen wird.

Dies veranlasst Petrus, die Haltung der Jünger und ihre Geschichte der Selbstverleugnung zu verteidigen. Sie haben "alles zurückgelassen", um Jesus nachzufolgen, der durch seine Antwort den Lohn bestätigt, der alle erwartet, die solche Opfer bringen. Es ist wichtig zu wiederholen, dass die Dinge, die diese Menschen zurückgelassen haben ("Häuser und

Brüder und Schwestern und Mütter und Kinder und Ländereien"),
möglicherweise mit Status und nicht nur mit materiellem Reichtum
assoziiert werden. Tatsächlich strukturiert **Markus 10,31** die ganze
Geschichte mit einer starken Betonung des Status: "Viele, die die Ersten
sind, werden die Letzten sein, und die Letzten werden die Ersten sein".
Bis zu diesem Punkt könnte die Geschichte entweder eine Liebe zu den
Gütern selbst oder zu dem Status, den sie bieten, widerspiegeln. Die
letztgenannte Aussage unterstreicht jedoch stark die Statusfrage. Kurz
darauf formuliert Jesus die Frage ausdrücklich in Bezug auf die Arbeit:
"Wer von euch der Erste sein will, wird der Diener aller sein" (**Mk 10,44**).
Ein Diener ist nämlich nur ein Arbeiter ohne Status, denn er besitzt
nicht einmal seine eigene Fähigkeit zu arbeiten. Der richtige Status der
Jünger Jesu ist der eines Kindes oder eines Dieners: gar keiner. Selbst
wenn wir privilegierte Positionen oder Autorität haben, müssen wir sie
als Gottes Eigentum betrachten, nicht als unser eigenes. Wir sind einfach
Gottes Diener, wir repräsentieren ihn, aber wir haben nicht den Status,
der ihm allein zusteht.

Der Vorfall im Tempel (Markus 11:15-18)

Die Geschichte, in der Jesus die Verkäufer und Geldwechsler aus dem Tempel vertreibt, hat einen merkantilen Unterton. Es gibt eine Debatte über die Relevanz dieser Handlung, sowohl im Hinblick auf die einzelnen Evangelienberichte als auch im Hinblick auf die historische Jesusüberlieferung. Sicher ist, dass Jesus diejenigen, die im Tempel kommerziellen Aktivitäten nachgehen, aggressiv vertreibt, sei es durch den Verkauf von reinen Opfertieren und -vögeln oder durch den Umtausch der entsprechenden Währung für Tempelopfer. Es wurde vermutet, dass dies ein Protest gegen die überhöhten Gebühren war, die von denjenigen erhoben wurden, die sich an solchen Aktivitäten beteiligten, und somit gegen den Missbrauch der Armen, wenn sie kamen, um Opfergaben darzubringen. Andererseits wurde es als Ablehnung der halbjährlichen Tempelsteuer gesehen. Schließlich wurde es als prophetisches Zeichen gedeutet, das die Unterbrechung der Tempelprozesse als Vorhersage der zukünftigen Zerstörung des Tempels darstellt.

Wenn wir davon ausgehen, dass der Tempel mit der Kirche im heutigen Umfeld gleichzusetzen ist, liegt diese Tatsache außerhalb unseres Aufgabenbereichs, der sich auf Arbeiten bezieht, die nichts mit der Kirche zu tun haben. Wir können jedoch darauf hinweisen, dass der Vorfall die Aufmerksamkeit auf diejenigen lenkt, die versuchen, die Kirche zu benutzen, um sich berufliche Vorteile zu sichern. Einer Kirche beizutreten oder sie zu benutzen, um eine vorteilhafte Position in der Wirtschaft zu erlangen, ist sowohl in wirtschaftlicher Hinsicht schädlich für die Gemeinschaft als auch im geistlichen Bereich für den Einzelnen. Wir wollen damit keineswegs sagen, dass die Kirchen und ihre Mitglieder aufhören sollten, sich gegenseitig zu helfen, bessere

Arbeitnehmer zu werden, aber wenn die Kirche zu einem kommerziellen Instrument wird, wird ihre Integrität beeinträchtigt und ihr Zeugnis getrübt.

Steuern und Cäsar (Markus 12:13-17)

Die Frage der Besteuerung ist bereits indirekt in der Diskussion über die Geschichte der Berufung des Levi (**Mk 2,13-17**, siehe oben) aufgetaucht. In diesem Abschnitt wird das Thema etwas direkter behandelt, auch wenn der Sinn der Passage in Bezug auf ihre Logik umstritten bleibt. Interessanterweise stellt das ganze hier beschriebene Ereignis im Wesentlichen eine Falle dar. Wenn Jesus die römische Besteuerung unterstützt, wird er seine Anhänger verärgern, und wenn er sich ihr widersetzt, wird er des Verrats angeklagt werden. Da der Vorfall aus solch besonderen Umständen besteht, müssen wir bei der Anwendung des Textes auf verschiedene zeitgenössische Situationen vorsichtig sein.

Die Antwort Jesu auf diese Falle dreht sich um die Begriffe Bild und Eigentum. Er untersucht die gewöhnliche Denar-Münze (im Wesentlichen ein Tageslohn) und fragt, wessen "Bild" (oder sogar "Ikone") darauf zu sehen ist. Es ist wahrscheinlich, dass er diese Frage stellt, um bewusst auf **Genesis 1,26-27** (der Mensch wurde nach dem Bilde Gottes geschaffen) zu verweisen, um einen Kontrast zu schaffen. Die Münzen tragen das Bild des Kaisers, die Menschen aber das Bild Gottes. Es geht darum, dem Kaiser zu geben, was ihm zusteht (Geld), und Gott zu geben, was ihm zusteht (unser Leben). Das grundlegende Element, dass der Mensch die *imago Dei* hat, ist nicht explizit, aber es ist sicherlich in dem Parallelismus, der in der Logik des Arguments gebildet wird, impliziert.

Mit einem solchen Argument ordnet Jesus die Frage der Besteuerung der größeren Forderung Gottes nach unserem Leben unter, was jedoch nicht die Gültigkeit der Besteuerung leugnet, auch nicht die des römischen Systems, das missbräuchlich gewesen sein mag. Auch wird nicht geleugnet, dass das Geld Gott gehört. Wenn das Geld dem Kaiser gehört, gehört es erst recht Gott, denn der Kaiser selbst steht unter der Autorität des Herrn (**Röm 13,1-17**; **1Pet 2,13-14**). Diese Stelle rechtfertigt nicht den immer wiederkehrenden Irrtum, dass Geschäft Geschäft und Religion Religion ist. Wie wir gesehen haben, kennt Gott keine Trennung zwischen dem Heiligen und dem Weltlichen. Man kann nicht so tun, als ob man Christus nachfolgt, wenn man so tut, als ob er sich überhaupt nicht für die eigene Arbeit interessiert. Jesus gibt Ihnen nicht die Erlaubnis, bei der Arbeit zu tun, worauf Sie Lust haben, sondern er verkündet Frieden in den Dingen, die Sie nicht kontrollieren können. Sie können kontrollieren, ob Sie andere bei der Arbeit betrügen (**Markus 10:18**), also tun Sie es nicht. Du kannst nicht kontrollieren, ob du Steuern zahlen musst (**Markus 12,17**), also zahle sie. In diesem Abschnitt sagt Jesus nicht, welche Verpflichtung du hättest, wenn du die Steuern kontrollieren (oder beeinflussen) könntest, z. B. wenn du ein römischer Senator oder ein Wähler in einer Demokratie des einundzwanzigsten Jahrhunderts wärst.

(Diese Begebenheit wird in **"Lukas 20,20-26"** in **"Lukas und das Werk"** ausführlicher behandelt).

Unsere Arbeit erfüllt das große Gebot
(Markus 12:28-34)

Angesichts der großen Fähigkeit Jesu, die Heilige Schrift auszulegen, stellt ihm ein Schriftgelehrter eine Frage, über die sich die jüdischen Führer bereits gestritten hatten. "Jesus antwortet mit zwei miteinander verbundenen Geboten, die den Menschen, die ihm zuhörten, gut bekannt waren. Das erste ist eine Aussage an das jüdische Volk aus **Deuteronomium 6,5**: "Du sollst den Herrn, deinen Gott, lieben von ganzem Herzen, von ganzer Seele und mit all deiner Kraft." Und dann, ohne eine Pause zu machen, fügt Jesus hinzu: "Das zweite ist dies", und zitiert **Levitikus 19:18** "Du sollst deinen Nächsten lieben wie dich selbst". (Siehe **"Liebe deinen Nächsten wie dich selbst" (Levitikus 19:17-18**)). Wenn du Gott liebst, wirst du auch deinen Nächsten lieben. Weitere Informationen über die Beziehung zwischen diesen beiden Geboten finden Sie unter **"Das große Gebot hat eine große Reichweite" (Matthäus 22,34-40)** und **"Das Werk des barmherzigen Samariters - Liebe deinen Nächsten wie dich selbst" (Lukas 10,25-37)**.

Die weise Antwort Jesu zeigt uns Gottes Prioritäten. Wenn es zwei Aufgaben gibt, auf die wir uns nach Gottes Willen am meisten konzentrieren sollen, dann ist es die Liebe zu Gott und die Liebe zu den Menschen um uns herum. Es ist erwähnenswert, dass Jesus mit den Worten "wie dich selbst" auch von uns erwartet, dass wir uns selbst lieben.

Glücklicherweise kann die Arbeit eine der wichtigsten Möglichkeiten sein, wie wir dem großen Gebot gerecht werden. Doch viele Menschen erkennen nicht, dass ihre Arbeit ein Mittel sein kann, andere zu lieben. Viele Arbeitsplätze bieten Christen die Möglichkeit, die

Grundbedürfnisse anderer Menschen zu erfüllen. Betrachten wir zum Beispiel den Fall der medizinischen Versorgung. Der Arzt, der ein Rezept ausstellt, der Apotheker, der das Rezept einlöst, und die Person, die die Regale in der Apotheke auffüllt, spielen alle eine Rolle bei der Versorgung ihrer Mitmenschen mit den notwendigen Gesundheitsdienstleistungen. Weiter in der Versorgungskette sehen wir die unschätzbare Arbeit der Wissenschaftler, die die Wirksamkeit medizinischer Maßnahmen testen, der Bauarbeiter, die die Straßen instand halten, auf denen die Medikamente transportiert werden, und der Sozialarbeiter, die die Anträge der Krankenversicherungen bearbeiten; sie alle lieben ihre Mitmenschen, indem sie ihre grundlegenden menschlichen Bedürfnisse erfüllen.

Die Bedürfnisse der Menschen beschränken sich jedoch nicht nur auf die Gesundheitsversorgung. Die Menschen brauchen auch Nahrung, Unterkunft, Lachen und Teilhabe an etwas, das größer ist als sie selbst. Landwirte und Restaurantangestellte, Hausbauer und Versicherer, Komödianten und Kinder, Philosophen und Pastoren haben die Möglichkeit, andere durch ihre tägliche Arbeit zu lieben, indem sie einfach ihre Arbeit gut machen. Jedes Mal, wenn Sie eine Straße überqueren, verlassen Sie sich auf die Liebe, die Ihnen von den Mechanikern entgegengebracht wird, die an den Bremsen jedes Autos gearbeitet haben, das auf die Kreuzung zufährt.

Durch die Arbeit sorgen wir für unsere finanziellen Bedürfnisse und die unserer Familie. Da Gott jedem Menschen gebietet, sich selbst zu lieben, ist dies ein weiterer Weg, auf dem die Arbeit das große Gebot erfüllt.

Schließlich können wir uns fragen, wie wir Gott durch unsere Arbeit lieben. Eine Möglichkeit besteht darin, Gott bewusst zu lieben, während wir arbeiten - ein Weg, der dank weiser Männer wie Bruder Lawrence berühmt geworden ist. Wenn aber das ständige Bewusstsein nicht unsere besondere Gabe ist, können wir Gott lieben, indem wir etwas tun, das er wünscht, dass es getan wird. Die umfassendere Geschichte der Erlösung, die Jesus uns anbietet, gibt uns ein Bild davon, was Gott auf dem Markt tun möchte. In vielen Branchen oder an vielen Arbeitsplätzen gibt es Probleme, die der Erlösung bedürfen. Ein christlicher Arbeitnehmer kann etwas tun, was Gott sich wünscht, indem er ein Beispiel für Vergebung, Mitgefühl und Integrität ist.

Wie auch immer wir arbeiten, es ist wichtig, dass wir uns an die Reihenfolge der beiden Teile des großen Gebots erinnern. An erster Stelle steht die Liebe zu Gott und an zweiter Stelle die Liebe zu unserem Nächsten. Dorothy Sayers weist darauf hin: "Das zweite Gebot hängt vom ersten ab, und ohne das erste wird es zu einer Fata Morgana und einer Falle... Wenn wir unseren Nächsten an die erste Stelle setzen, stellen wir den Menschen über Gott, und das haben wir getan, seit wir begonnen haben, die Menschheit zu verehren und den Menschen zum Maß aller Dinge zu machen... In der Tat gibt es ein Paradoxon bei der Arbeit im Dienste der Gemeinschaft, und zwar dieses: Wenn man direkt darauf abzielt, der Gemeinschaft zu dienen, wird die Arbeit verfälscht. Der einzige Weg, der Gemeinschaft zu dienen, besteht darin, die Gemeinschaft zu vergessen und sich an die Arbeit zu machen".

In der Praxis bedeutet dies, dass wir unseren Nächsten lieben, indem wir echte Arbeit leisten, d. h. Arbeit, wie Gott sie haben will. Das ist vielleicht nicht die bevorzugte Art und Weise unseres Nachbarn - des Käufers, des Kunden, des Mitarbeiters, des Lieferanten usw. Unsere Mitarbeiter möchten vielleicht, dass wir ihnen dienen, indem wir ihre Arbeit erledigen, aber Gott würde wollen, dass wir ihnen dienen, indem wir ihnen helfen, sie selbst zu erledigen. Ein Kunde möchte vielleicht, dass wir ihm ein Produkt zum niedrigsten Preis verkaufen, während Gott möchte, dass wir den Kunden darüber aufklären, warum ein teureres Produkt besser für ihn, die Umwelt oder die Gemeinschaft ist. Die erste Hälfte des großen Gebots stellt unsere Füße auf den festen Boden von

Gottes Absichten. Wir sollen als Diener Gottes für andere arbeiten, nicht als Menschen, die nur anderen gefallen wollen.

Nachdem er die Antwort Jesu auf seine Frage gehört hat, kommt der Schriftgelehrte zu dem Schluss, dass Jesus die richtigen Prioritäten setzt. Gott zu lieben und die Menschen zu lieben ist tatsächlich wichtiger als die spezifischen Gebote, die das jüdische Gesetz verlangt. Jesus antwortet dem Schriftgelehrten: "Du bist nicht weit vom Reich Gottes entfernt". In ähnlicher Weise bringen wir das Reich Gottes an unseren Arbeitsplatz, wenn unser Handeln dem Standard des großen Gebots entspricht, wenn wir Gott vollkommen lieben und uns um andere so intensiv kümmern wie um uns selbst.

Das Kreuz und die Auferstehung (Markus 14:32-16:8)

———

Die Fragen von Status und Gnade rücken wieder in den Vordergrund, als Jesus sich seinem Prozess und seiner Kreuzigung stellt. "Auch der Menschensohn ist nicht gekommen, um sich bedienen zu lassen, sondern um zu dienen und sein Leben als Lösegeld für viele hinzugeben" (**Mk 10,45**). Der Weg des Dienens erfordert selbst für ihn den Verzicht auf jeden Status:

"Der Menschensohn wird den Hohenpriestern und Schriftgelehrten überantwortet werden, und sie werden ihn zum Tode verurteilen und den Heiden überantworten. Und sie werden ihn verspotten und anspucken und geißeln und töten, und nach drei Tagen wird er auferstehen". (**Markus 10:33-34**)

Das Volk verkündet Jesus zu Recht als Messias und König (**Mk 11,8-11**), aber er legt diese gesellschaftliche Stellung beiseite und unterwirft sich den falschen Anschuldigungen des jüdischen Rates gegen ihn (**Mk 14,53-65**), einem vergeblichen Prozess durch die römische Regierung (**Mk 15,1-15**) und dem Tod durch die Hände der Menschen, die er retten wollte (**Mk 15,21-41**). Seine eigenen Jünger verraten ihn (**Mk 14,43-49**), leugnen, dass sie ihn kennen (**Mk 14,66-72**) und lassen ihn im Stich (**Mk 14,50-51**), mit Ausnahme einiger Frauen, die sein Werk unterstützt hatten. Er nimmt den niedrigsten Platz ein, den es geben kann, verlassen von Gott und den Menschen, um uns das ewige Leben zu schenken. Am Ende seines bitteren Leidens fühlt er sich von Gott selbst verlassen (**Markus 15,34**). Von allen Evangelien berichtet nur Markus von seinem Schrei mit den Worten aus **Psalm 22,1**: "Mein Gott, mein Gott, warum hast du mich verlassen" (**Mk 15,34**). Das letzte Werk Jesu am Kreuz besteht darin, dass er die ganze Verlassenheit der Welt auf sich zieht. Vielleicht war es für ihn genauso schwer, missverstanden, verspottet und verlassen zu werden, wie zum Tode verurteilt zu werden. Er war sich bewusst, dass sein Tod nach einigen Tagen besiegt sein würde, aber das Unverständnis, der Spott und die Verlassenheit halten bis heute an.

Viele Menschen fühlen sich heute auch von Freunden, der Familie, der Gesellschaft und sogar von Gott im Stich gelassen. Das Gefühl des Verlassenseins am Arbeitsplatz kann sehr stark sein. Wir können von Kollegen geächtet werden, mutlos sein angesichts von Anstrengung und Gefahr, besorgt über unsere Leistung, ängstlich über die Möglichkeit von Entlassungen und verzweifelt über unzureichende Bezahlung und schlechte Sozialleistungen, wie in Studs Terkels Buch *"Working"* einprägsam beschrieben. Die Worte von Sharon Atkins, einer Empfangsdame in Terkels Buch, drücken die Gedanken vieler aus: "Morgens weinte ich, ich wollte nicht aufstehen. Ich fürchtete mich vor Freitagen, weil mich der Montag immer verfolgte. Wieder fünf Tage vor mir. Es schien, als würde es nie enden. Warum tue ich das?"

Aber Gottes Gnade für diejenigen, die sie annehmen, überwindet selbst die verheerendsten Schwierigkeiten bei der Arbeit und im Leben. Gottes Gnade berührt die Welt von dem Augenblick an, in dem Jesus sich ihr unterwirft, als der Hauptmann anerkennt: "Dieser Mensch war wahrhaftig Gottes Sohn" (**Markus 15,39**). Die Gnade triumphiert über den Tod selbst, als Jesus ins Leben zurückkehrt. Gott verkündet den Frauen: "Er ist auferstanden" (**Markus 16,6**). In dem Abschnitt über **Markus 1,1-13** haben wir festgestellt, dass das Ende des Buches einen plötzlichen Charakter hat. Es handelt sich nicht um eine hübsche Geschichte für religiöse Festspiele, sondern um ein herzzerreißendes Eingreifen Gottes in den Staub und Schmutz unseres unordentlichen Lebens und unserer Arbeit. Das offene Grab des gekreuzigten Verbrechers beweist, dass "viele, die die Ersten sind, die Letzten sein werden, und die Letzten werden die Ersten sein" (**Markus 10,31**), und zwar auf eine deutlichere Weise, als es die meisten ertragen könnten. Nur durch diese wunderbare Gnade kann unsere Arbeit "hundertfach jetzt in dieser Zeit" wirken und unser Leben in "das künftige Zeitalter, das ewige Leben" (**Markus 10,31**) geführt werden. Es war zu erwarten, dass "großes Zittern und Furcht sie ergriff; und sie sagten niemandem etwas, weil sie sich fürchteten" (**Markus 16,8**).

Markus' Schlussfolgerung

Das Markusevangelium ist nicht wie eine Gebrauchsanweisung für die menschliche Arbeit aufgebaut, aber die Arbeit ist auf jeder Seite sichtbar. Hier finden wir einige der wichtigsten Fäden in diesem Teppich des Lebens und der Arbeit und wenden sie auf die Arbeitsfragen des einundzwanzigsten Jahrhunderts an. Es gibt viele Arten von Arbeit und viele Kontexte, in denen Menschen arbeiten. Das verbindende Thema ist, dass wir alle dazu berufen sind, Gottes Schöpfung zu vergrößern, wiederherzustellen und zu verwalten, auch wenn wir auf die endgültige Erfüllung seiner Absicht für die Welt warten, wenn Christus wiederkommt.

Es ist auffällig, dass sich so viel in Markus' Erzählung um Fragen der Identität dreht. Markus zeigt, dass der Eintritt in das Reich Gottes eine Veränderung unserer persönlichen Identität und unserer sozialen Beziehungen erfordert. Status- und Identitätsfragen wurden in der antiken Welt durch Reichtum und Beschäftigung definiert, und zwar in einer viel formelleren Weise als heute, aber die zugrunde liegende Dynamik hat sich nicht grundlegend verändert. Statusfragen beeinflussen nach wie vor unsere Präferenzen, Entscheidungen und Ziele als Arbeitnehmer. Rollen, Bezeichnungen, Zugehörigkeiten und Beziehungen wirken sich auf unsere Beschäftigung aus und können uns dazu bringen, Entscheidungen zum Guten oder Schlechten zu treffen. Wir alle können für den Wunsch anfällig sein, unseren Platz in der Gesellschaft durch unseren Besitz, unseren Reichtum oder unseren potenziellen Einfluss zu behaupten, was wiederum unsere beruflichen Entscheidungen beeinflussen kann. All diese Aspekte wirken sich auf unser Identitätsgefühl aus, darauf, wer wir sind. Die Aufforderung Jesu an uns, bereit zu sein, die Ansprüche des irdischen Status aufzugeben, ist daher von grundlegender Bedeutung. Nur relativ wenige mögen dazu berufen sein, den besonderen Weg zu gehen, den die zwölf Jünger eingeschlagen haben, indem sie ihre Arbeit vollständig aufgaben, aber die Herausforderung, die irdische Identität durch die Anforderungen des Reiches Gottes definieren zu lassen, ist universell. Opferbereitschaft ist das Wesen der Nachfolge Jesu. Eine solche Haltung beinhaltet die Weigerung, unsere Identität durch unseren Status in einer gefallenen Welt bestimmen zu lassen.

Ein solch radikales Opfer ist ohne Gnade unmöglich. Gottes Gnade ist das Wunder, das unser Leben und unsere Arbeit so verwandelt, dass wir in Gottes Reich leben und ihm dienen können, während wir in der gefallenen Welt leben. Es ist jedoch selten, dass Gottes Gnade durch eine sofortige Verwandlung kommt. Die Geschichte der Jünger ist eine Geschichte des Scheiterns und der Wiederherstellung, der allmählichen, nicht unmittelbaren Veränderung. Wie sie bleibt auch unser Dienst in Gottes Reich durch Sünde und Versagen beeinträchtigt. Wie sie wissen wir, dass wir auf dem Weg dorthin genug Sünden bereuen müssen. Aber vielleicht werden wir auch wie sie ein bleibendes Vermächtnis in der Welt hinterlassen, ein Reich, dessen Grenzen sich durch unsere Tätigkeit erweitert haben und dessen Leben durch unsere Zugehörigkeit bereichert wurde. So schwer es auch ist, die Dinge aufzugeben, die uns davon abhalten, Christus auf dem Gebiet der Arbeit in vollem Umfang zu folgen, so stellen wir doch fest, dass es weitaus lohnender ist, Ihm in unserer Arbeit zu dienen (**Mk 10,29-32**), als uns selbst und unserer Torheit zu dienen.

Don't miss out!

Visit the website below and you can sign up to receive emails whenever Biblische Predigten publishes a new book. There's no charge and no obligation.

https://books2read.com/r/B-A-SAWHB-JXGDD

Did you love *Analyse der Arbeiterbildung im Markus Evangelium*? Then you should read *Analyse der Arbeiterbildung im Lukas Evangelium*[1] by Biblische Predigten!

[2]

Im Lukasevangelium finden wir mehrere relevante Lehren zur Arbeitserziehung:

1. Demut und Dienen: Lukas hebt die Bedeutung von Demut und Dienen durch die Lehren Jesu hervor. Er betont den selbstlosen Dienst am Nächsten und ermutigt seine Anhänger, nicht nach persönlichem Ruhm zu streben, sondern bereit zu sein, anderen in ihrer Arbeit zu dienen.

2. im Kleinen treu sein: Jesus lehrt, dass diejenigen, die im Kleinen treu sind, mit größeren Aufgaben betraut werden. Diese Lehre fordert uns auf, in unserer täglichen Arbeit fleißig und verantwortungsbewusst

---

1. https://books2read.com/u/mVnnkp

2. https://books2read.com/u/mVnnkp

zu sein, ganz gleich, wie klein oder unbedeutend sie auch erscheinen mag.

3. Seid großzügig und barmherzig: Lukas zeigt das barmherzige Herz Jesu gegenüber den Bedürftigen und betont die Bedeutung von Großzügigkeit und Mitgefühl in unserer Arbeit. Dazu gehört es, den Benachteiligten zu helfen, selbstlos zu geben und Mitgefühl mit den Leidenden zu zeigen.

4. Die Beziehung zu Gott in den Vordergrund stellen: Lukas lehrt, wie wichtig es ist, unserer Beziehung zu Gott Vorrang vor unseren beruflichen Belangen einzuräumen. Jesus ermutigt seine Jünger, zuerst das Reich Gottes zu suchen, ihm zu vertrauen und sich auf seine Versorgung in allen Bereichen des Lebens, einschließlich der Arbeit, zu verlassen.

Also by Biblische Predigten

Die Lehre von der Arbeit in der Bibel
Analyse der Arbeiterbildung im Matthäus Evangelium
Analyse der Arbeiterbildung im Markus Evangelium
Analyse der Arbeiterbildung im Lukas Evangelium
Analyse der Arbeiterbildung im Johannes Evangelium
Analyse der Arbeiterbildung in der Apostelgeschichte
Analyse der Arbeiterbildung im Brief an die Römer
Analyse der Arbeiterbildung in den Briefen an die Korinther
Analyse der Arbeiterbildung in den Briefen an die Galater, Epheser und Philipper
Analyse der Arbeiterbildung in den Briefen an die Kolosser, Philemon und Thessaloniche
Analyse der Arbeiterbildung in den Pastoralbriefen Titus und Timotheus
Analyse der Arbeiterbildung in den Allgemeinen Briefen und der Apokalypse

About the Author

Diese Bibelstudienreihe eignet sich für Christen aller Stufen, von Kindern über Jugendliche bis hin zu Erwachsenen. Sie *bietet einen ansprechenden und interaktiven Weg, die Bibel zu lernen,* mit Aktivitäten und Diskussionsthemen, die Ihnen helfen werden, tiefer in die Heilige Schrift einzudringen und Ihren Glauben zu stärken. Ob Sie Anfänger oder erfahrener Christ sind, diese Reihe wird Ihnen helfen, Ihr Wissen über die Bibel zu erweitern und Ihre Beziehung zu Gott zu stärken. Geleitet von Brüdern mit vorbildlichen Zeugnissen und umfassender Kenntnis der Heiligen Schrift, *die sich im Namen des Herrn Jesus Christus* auf der ganzen Welt *versammeln.*